THIS BOOK BELONG TO

Color Test Page

Coloring Page

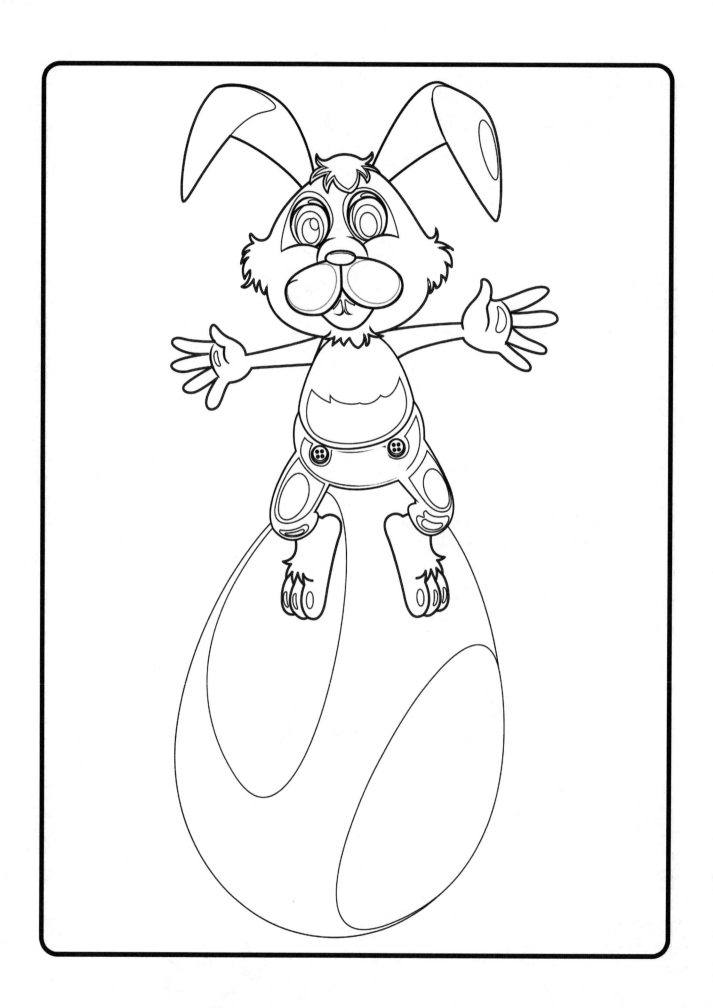

Color By Number

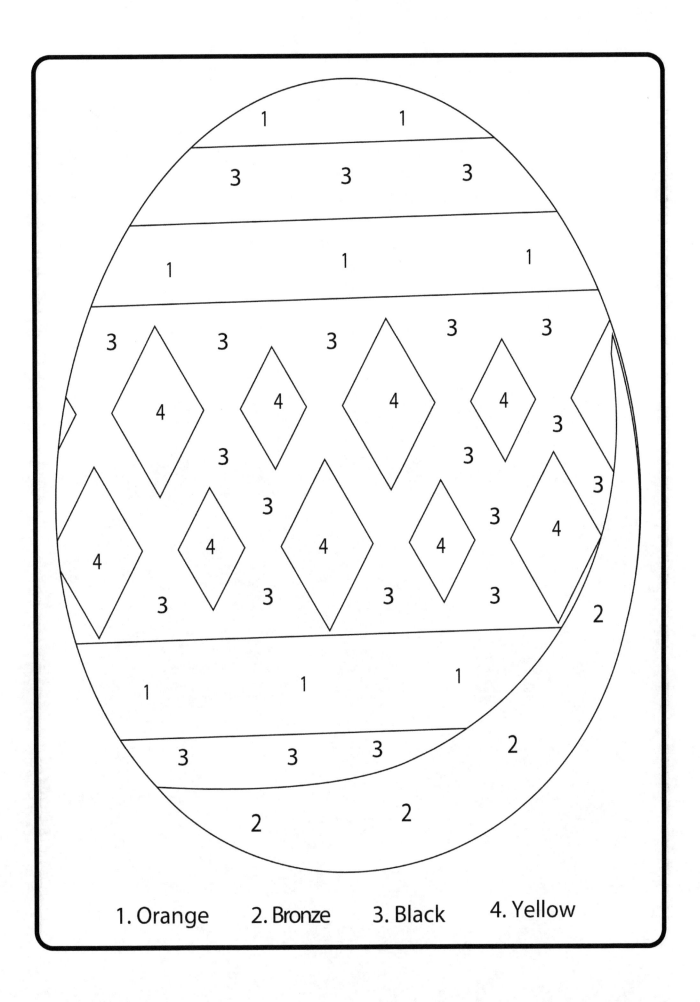

1. Orange   2. Bronze   3. Black   4. Yellow

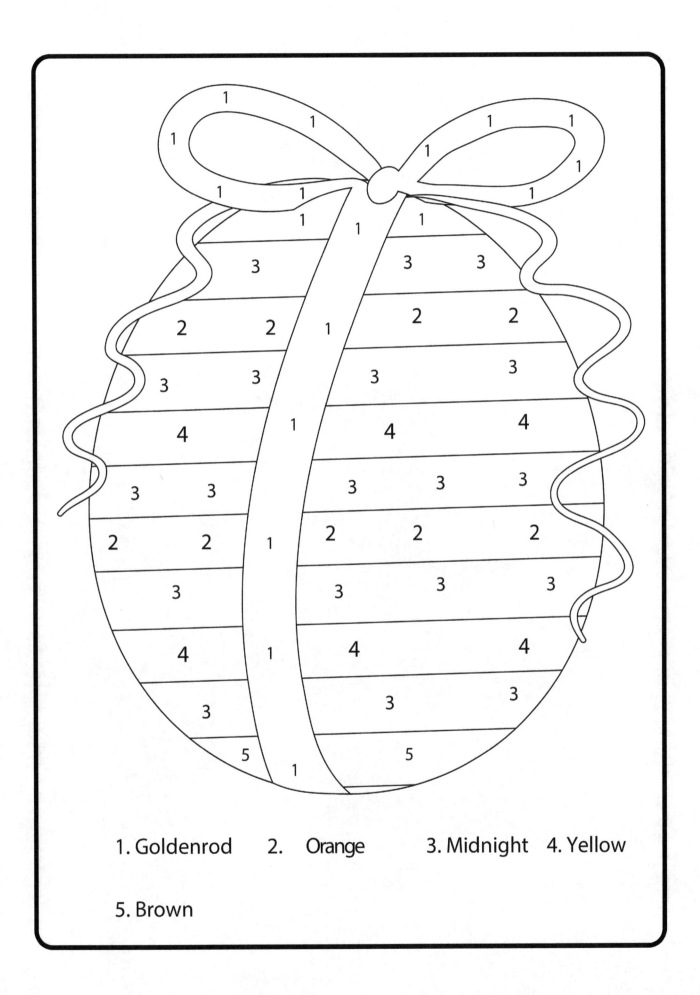

1. Goldenrod   2.   Orange   3. Midnight   4. Yellow

5. Brown

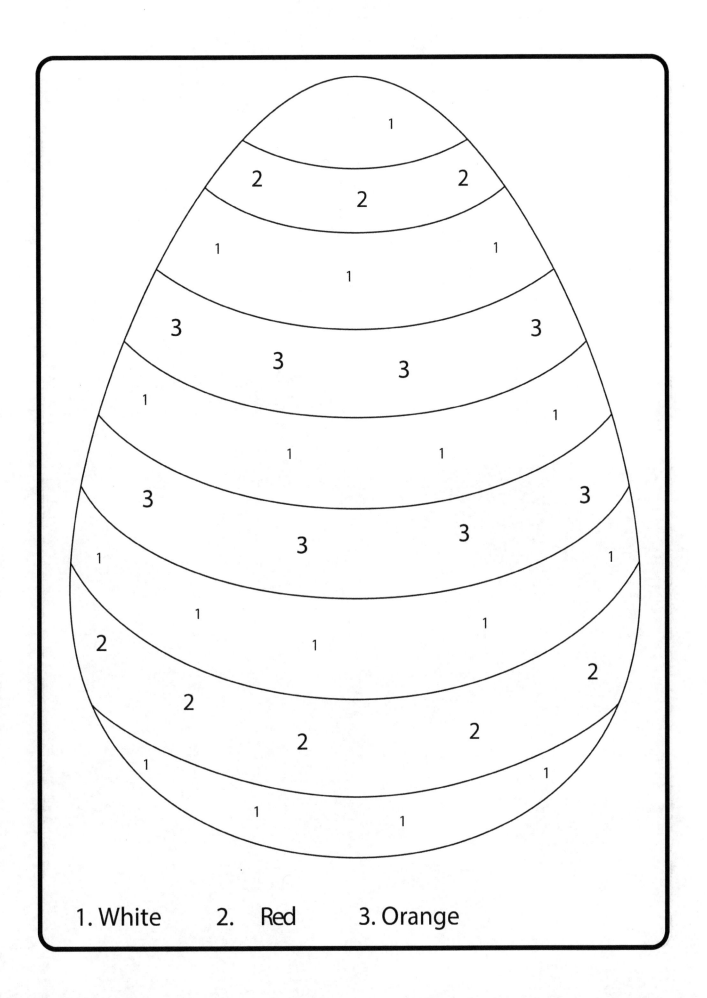

1. White   2. Red   3. Orange

1. Deep Peach   2. Silver   3. Coffee   4. White

5. Silver

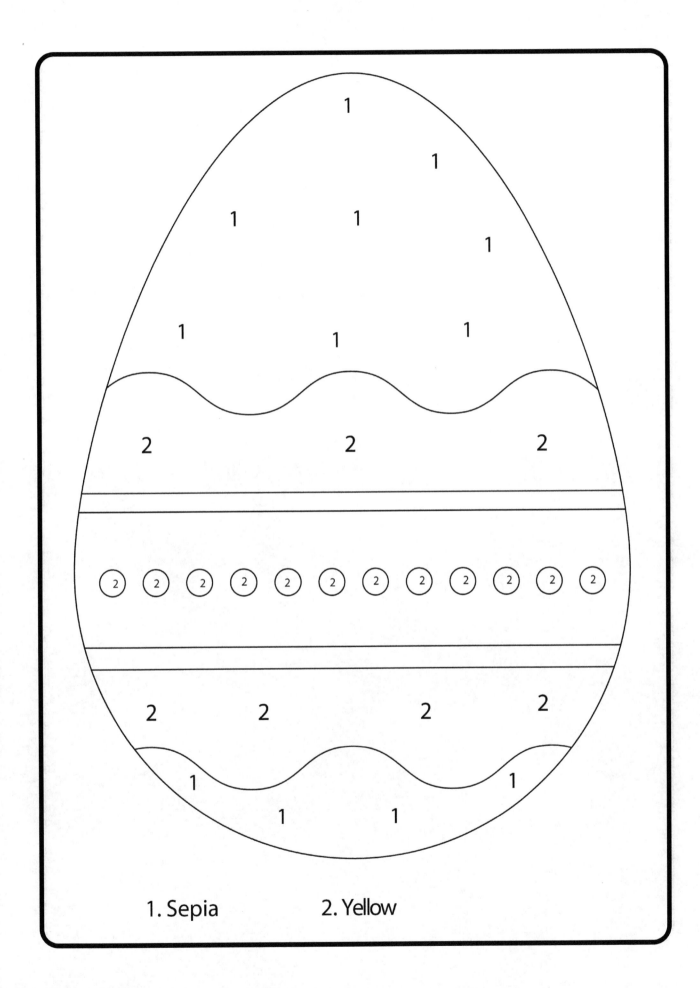

1. Sepia   2. Yellow

Dot Marker

Maze

Maze 1

Start

End

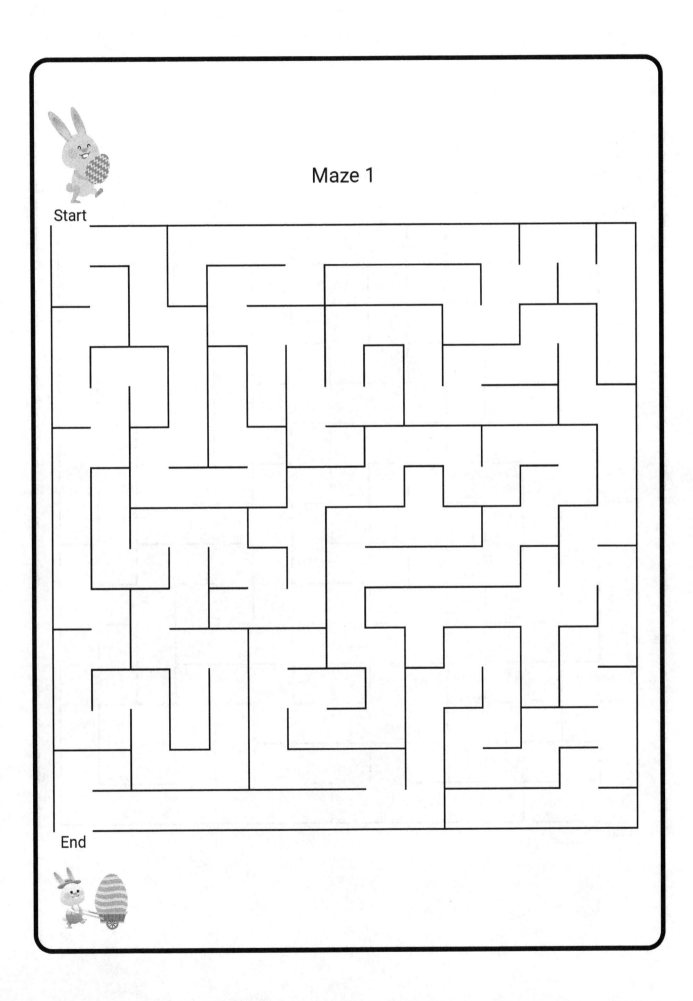

Maze 2

Start

End

Maze 3

Start

End

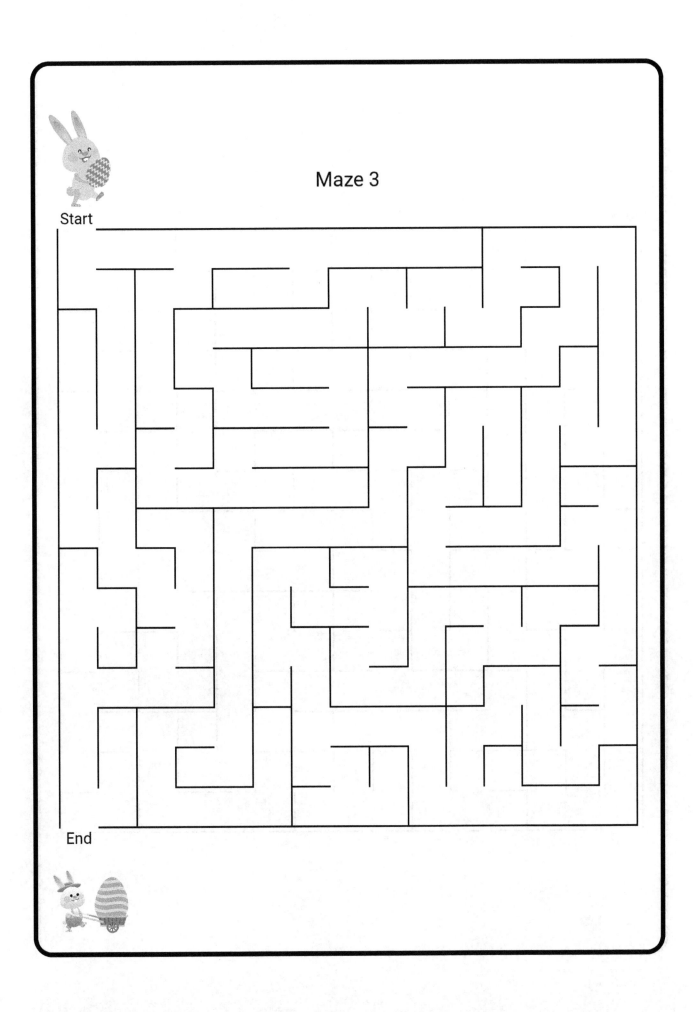

Maze 4

Start

End

Maze 5

Start

End

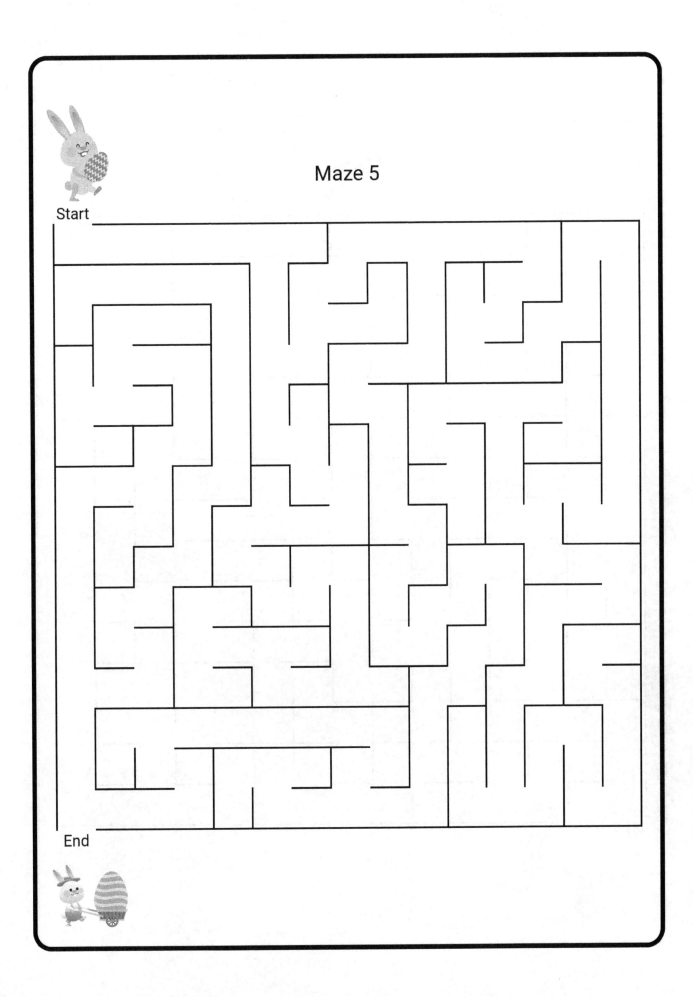

Maze 6

Start

End

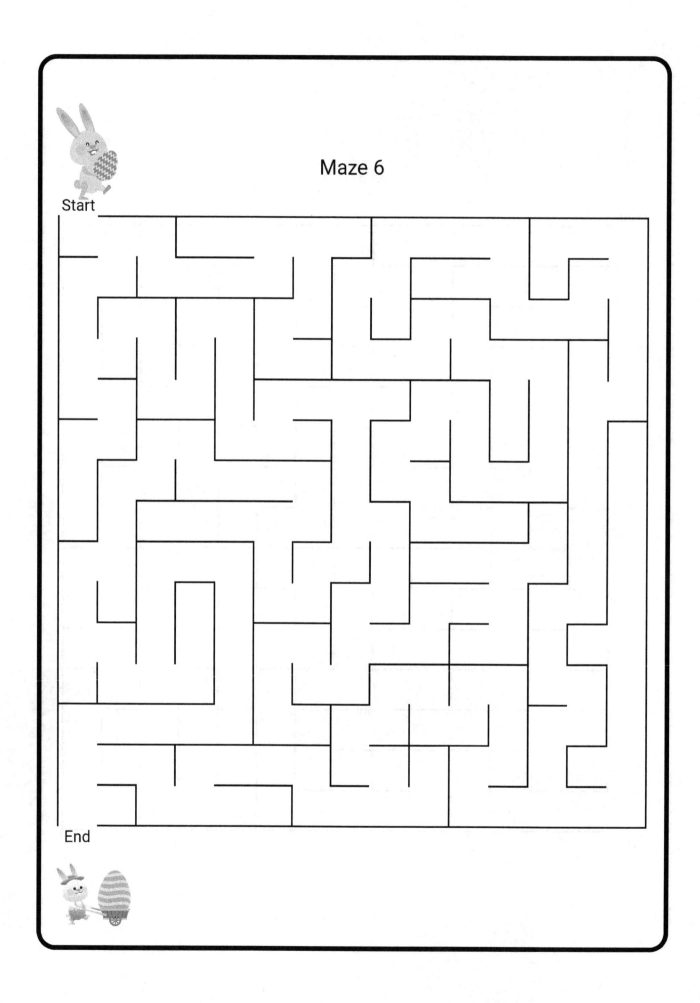

Maze 7

Start

End

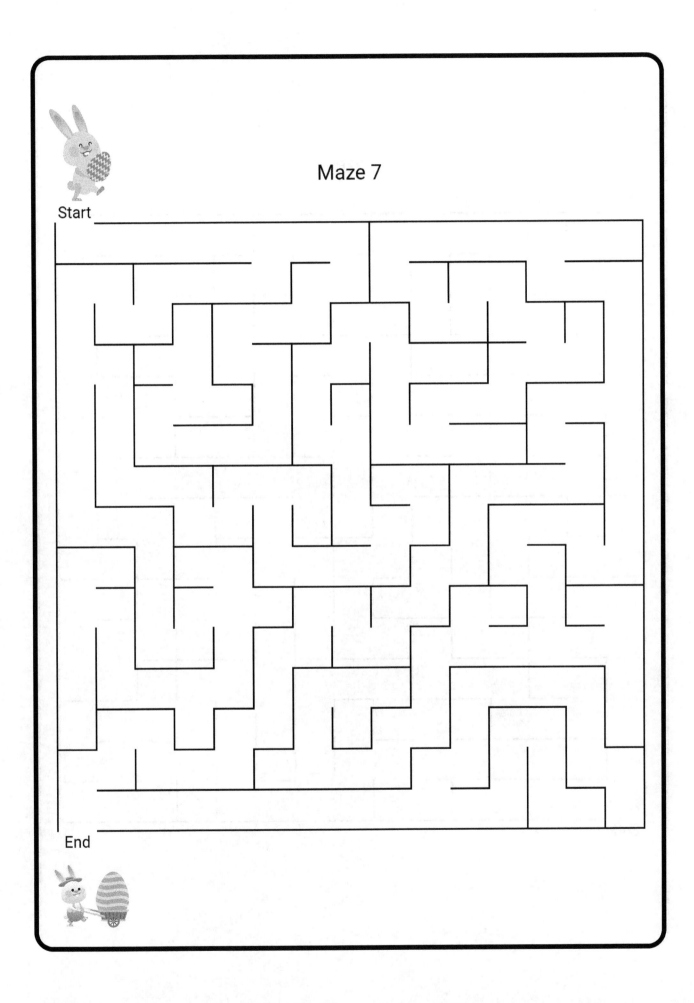

Maze 8

Start

End

Maze 9

Start

End

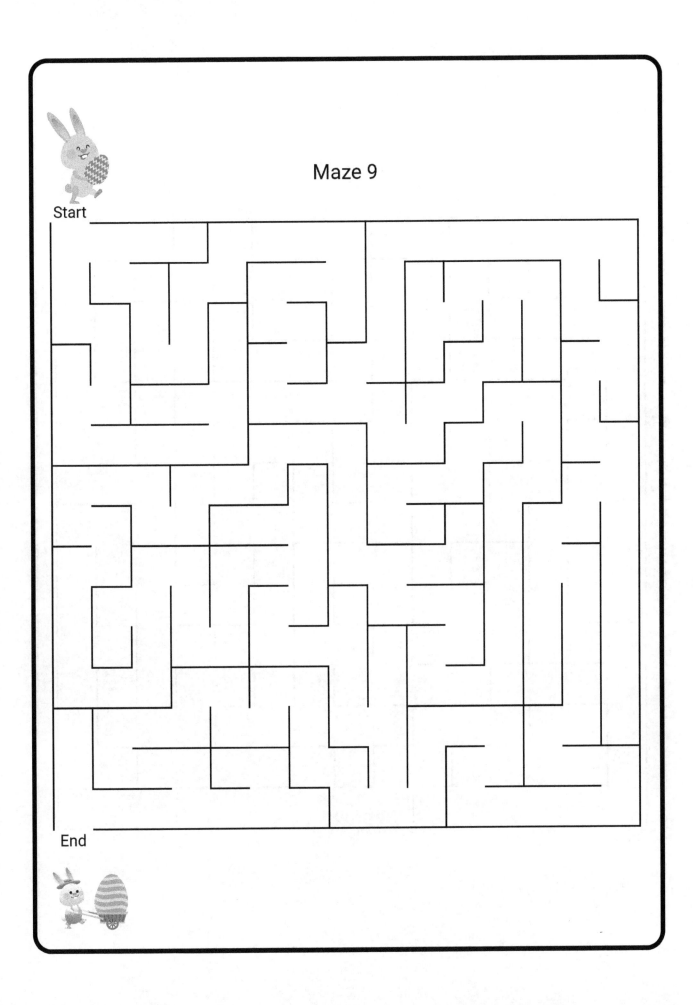

Maze 10

Start

End

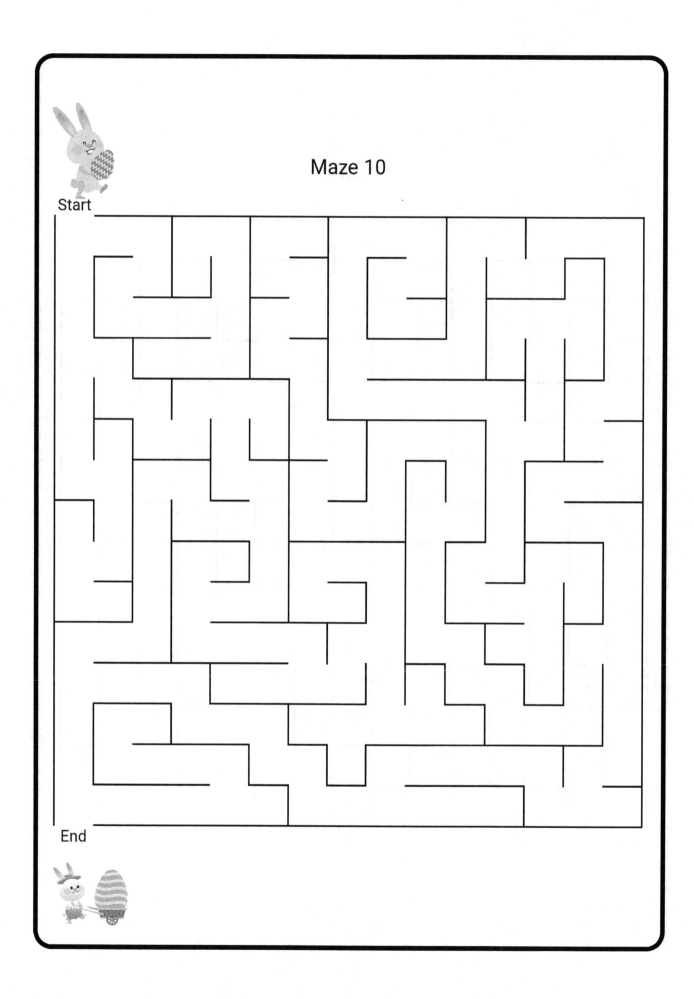

Maze 11

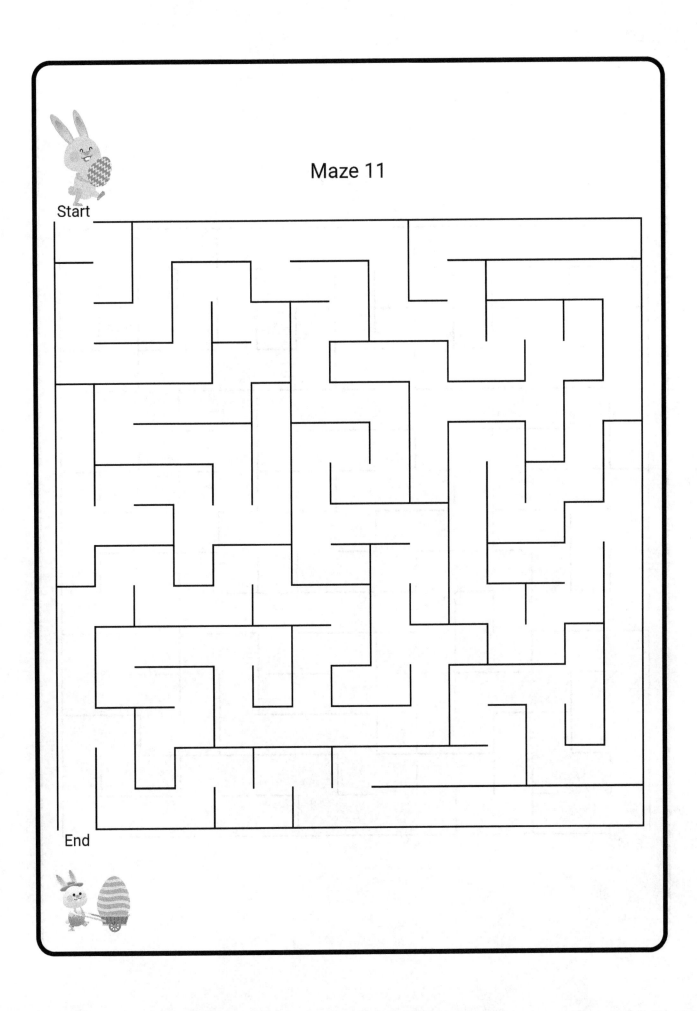

Start

End

Maze 12

Start

End

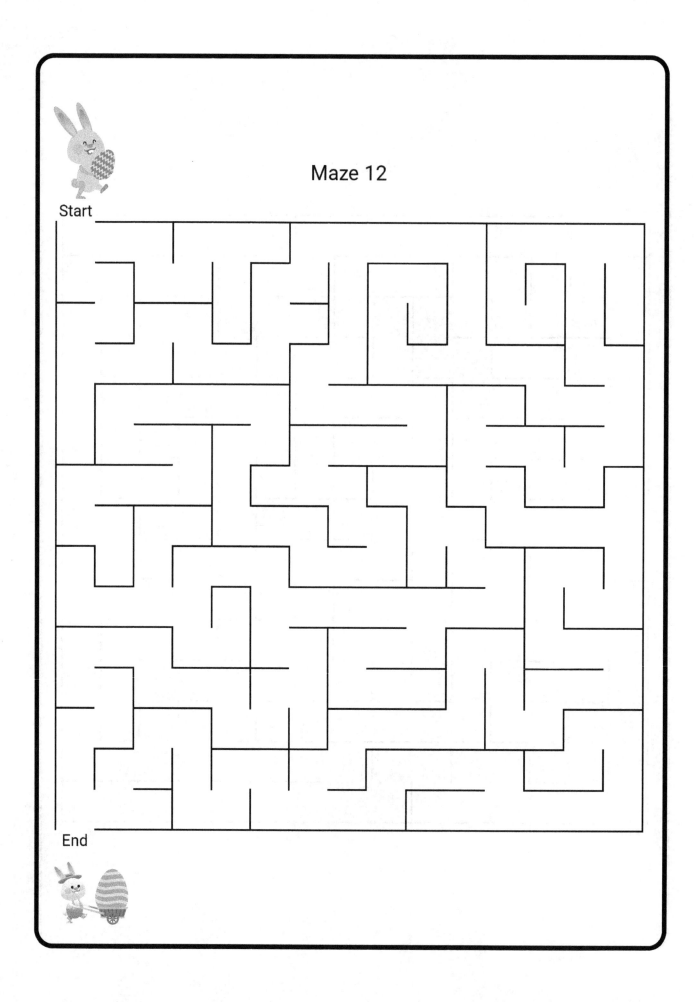

Maze 13

Start

End

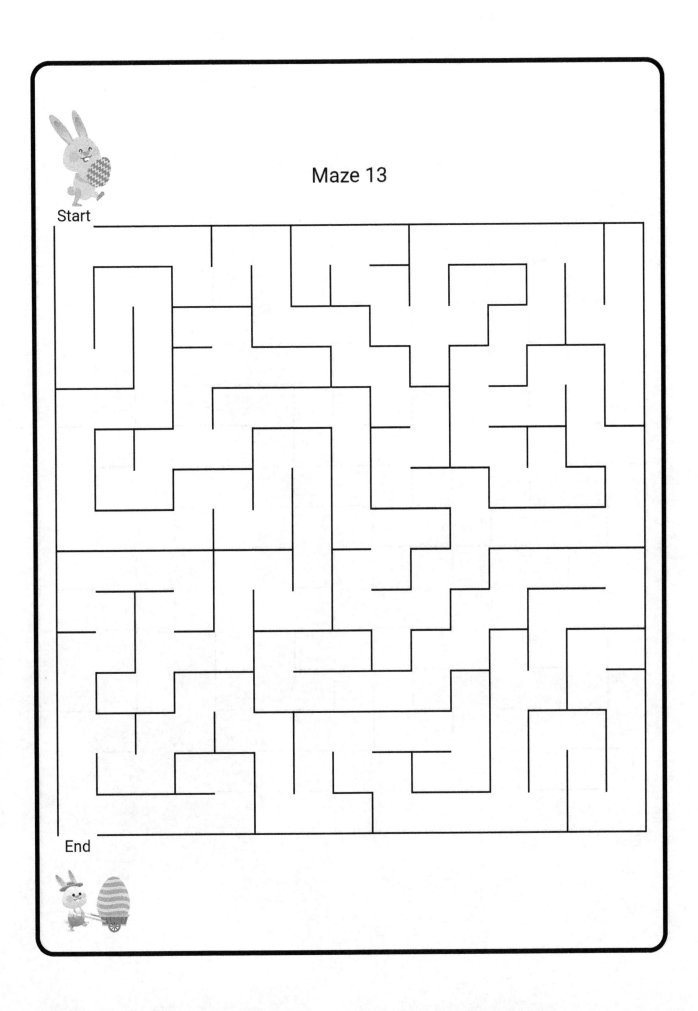

Maze 14

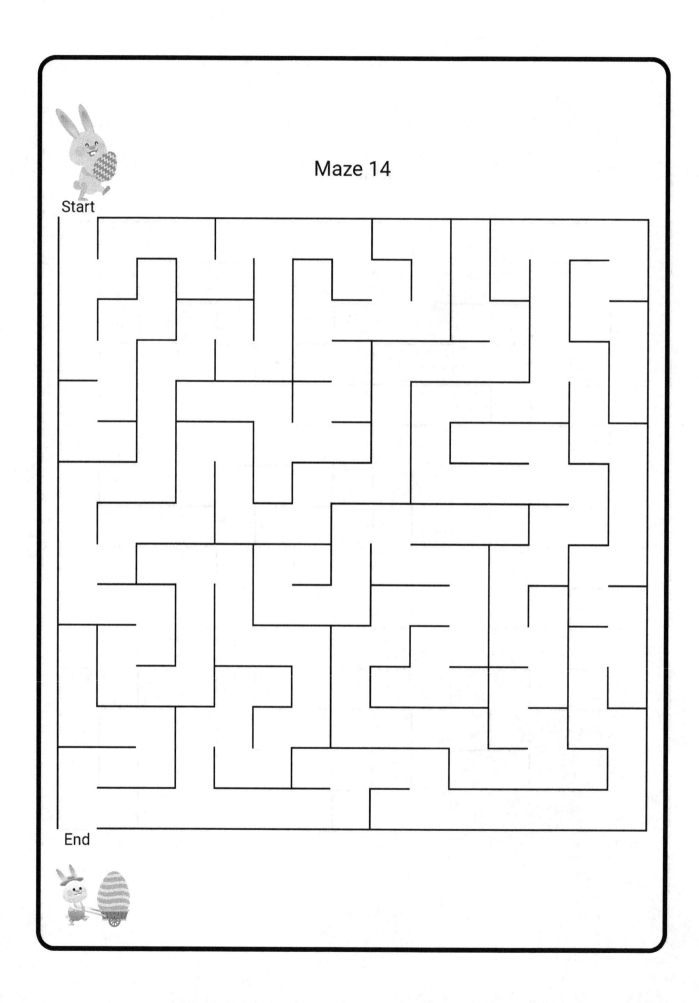

Start

End

Maze 15

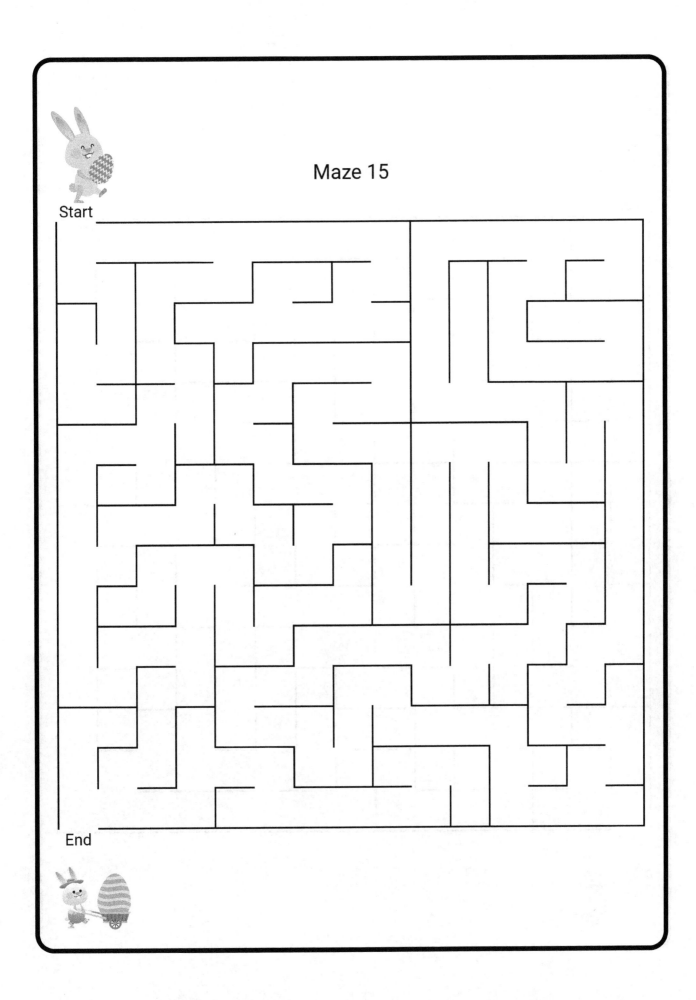

Start

End

Maze 16

Start

End

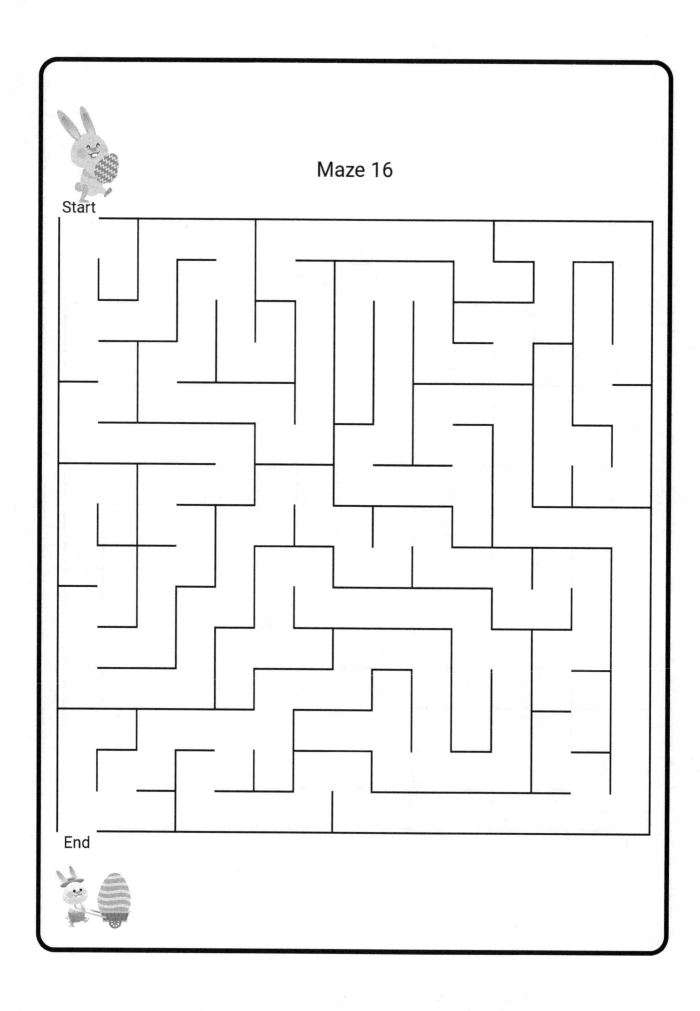

Maze 17

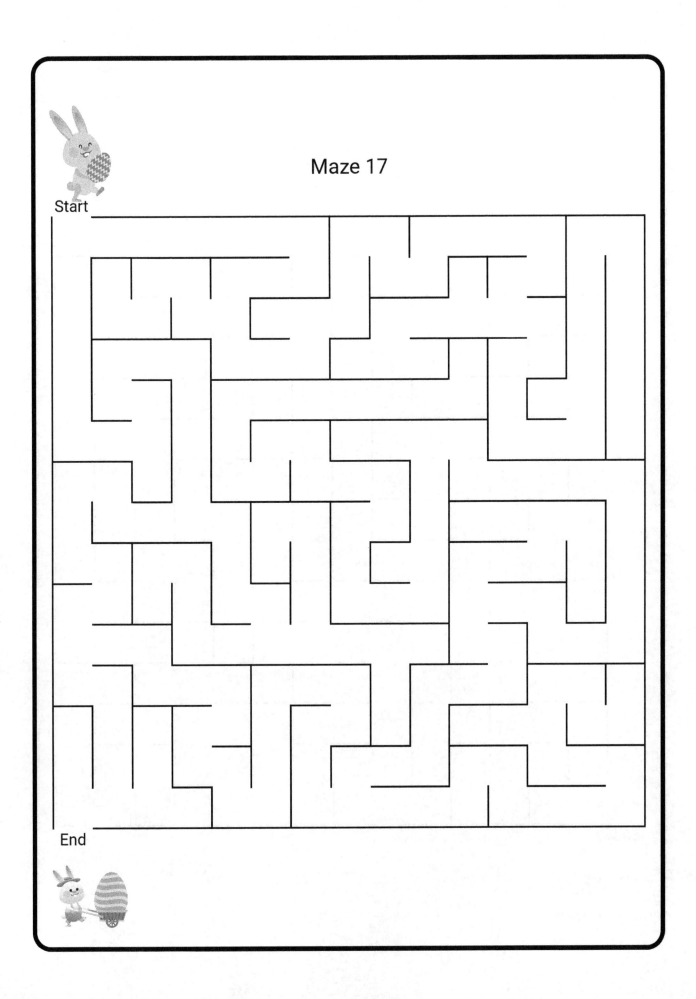

Start

End

Maze 18

Start

End

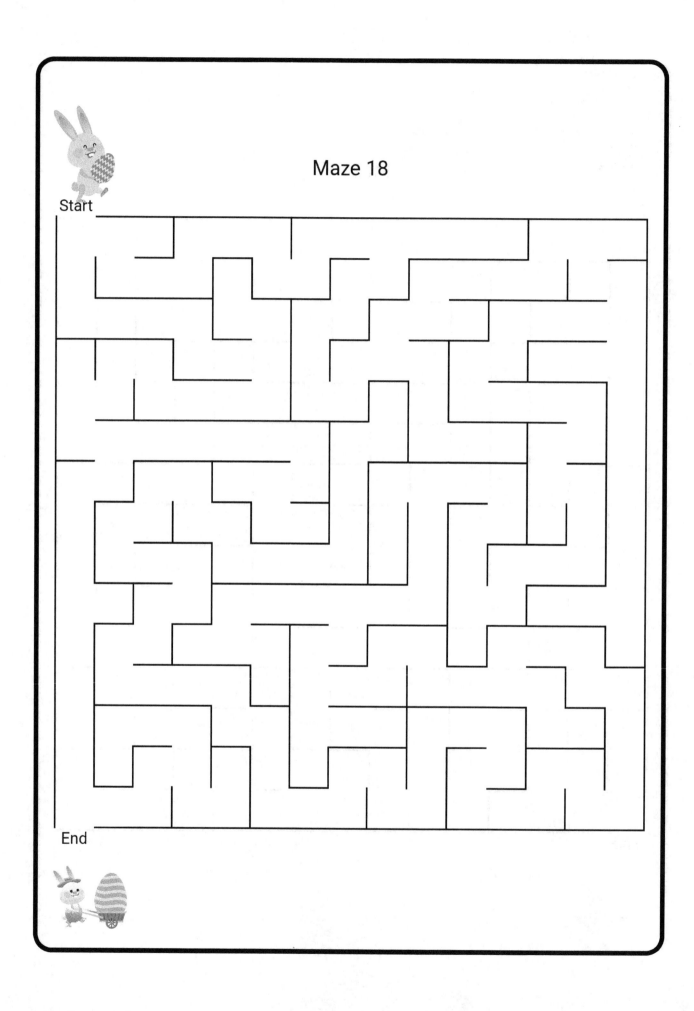

Maze 19

Start

End

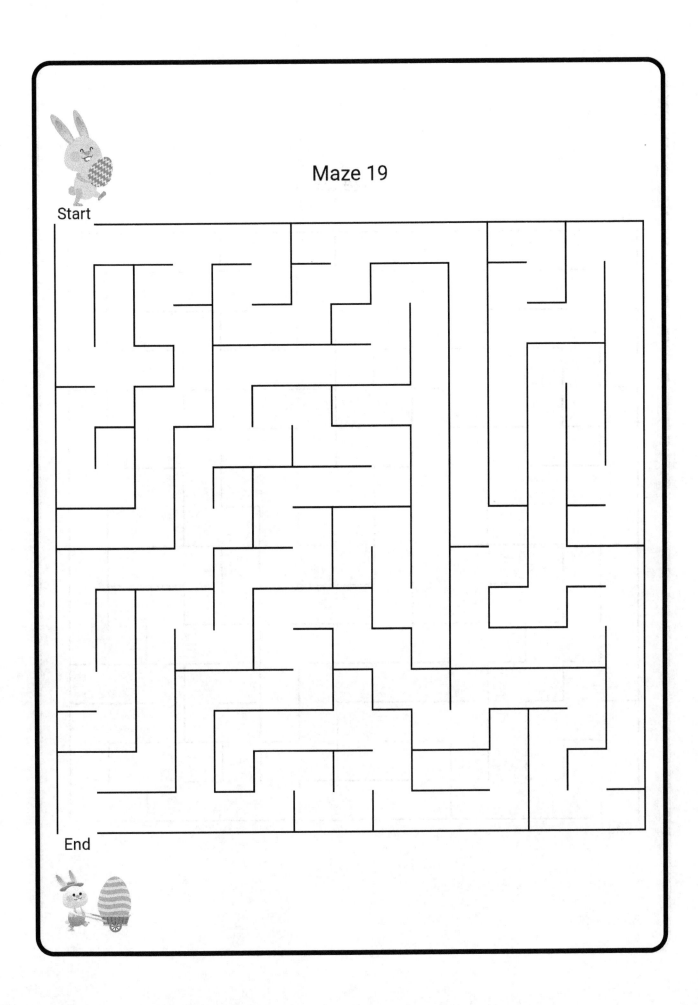

Maze 20

Start

End

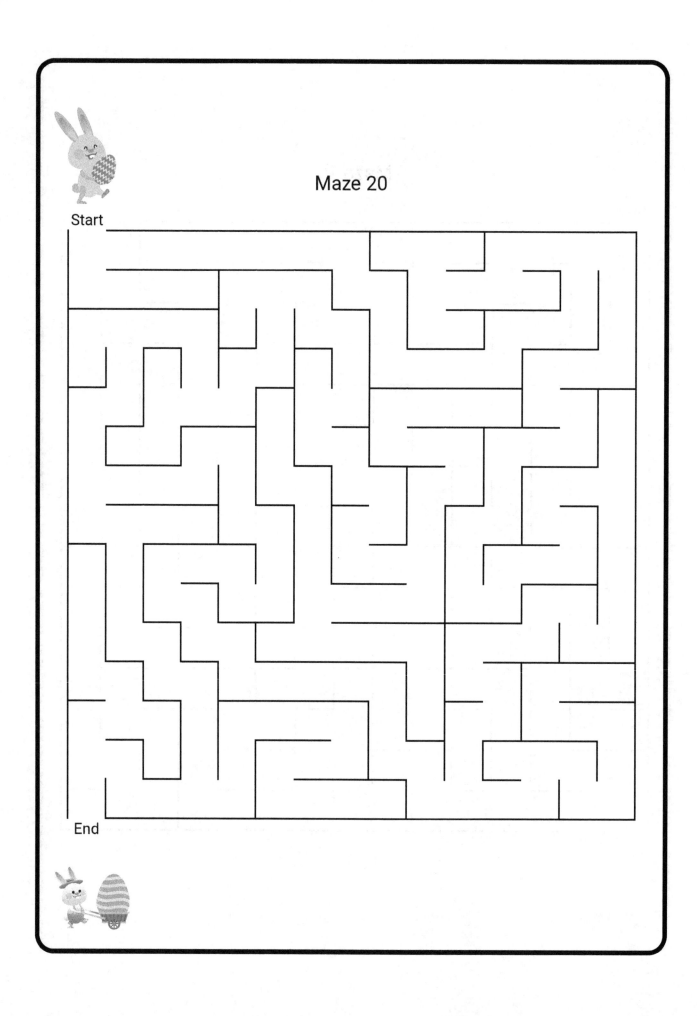

soduku

Easter Word Search 01

```
G  S  N  S  I  D  E  S  T  I
L  E  L  O  G  H  K  N  P  E
A  D  A  K  E  E  N  A  N  L
Z  U  M  T  L  O  R  I  E  U
E  T  B  B  R  V  D  T  N  C
D  I  X  U  U  T  E  S  S  R
H  T  S  E  C  R  D  I  M  O
A  L  C  F  N  Q  X  R  I  S
M  U  D  A  V  S  F  H  O  S
X  M  L  W  Y  L  E  C  Q  L
```

Word List

CHRISTIANS	CROSS	DINE	ETERNAL
GLAZED HAM	KEEN	LAMB	MULTITUDES

Easter Word Search 02

I	R	E	N	E	W	F	S	P	C
D	M	Y	Q	S	E	L	F	A	H
E	E	Z	U	D	Z	P	O	L	O
R	A	R	A	Z	Y	L	N	M	C
Y	G	D	I	Z	Y	U	T	S	O
M	S	Y	N	T	Q	T	I	U	L
Q	U	Q	T	Q	Y	R	B	N	A
H	T	E	R	A	Z	A	N	D	T
Z	S	E	C	I	O	V	M	A	E
H	G	M	M	I	G	V	G	Y	P

Word List

CHOCOLATE	NAZARETH	PALM SUNDAY	QUAINT
RENEW	SELF	TIRED	VOICES

Easter Word Search 03

```
L  J  K  L  U  A  N  Y  R  C
A  E  D  A  I  S  Y  T  E  W
V  R  C  Y  Q  A  H  W  P  J
I  U  C  S  L  G  K  B  P  E
T  S  C  T  I  O  G  M  U  S
S  A  J  L  Z  T  H  U  S  U
E  L  O  K  V  Q  C  Z  T  S
F  E  I  P  T  F  V  N  S  I
D  M  O  F  F  I  C  I  A  L
S  U  O  I  R  U  X  U  L  Q
```

Word List

DAISY   FESTIVAL   HOLY   JERUSALEM
JESUS   LAST SUPPER   LIGHT   LUXURIOUS
OFFICIAL

Easter Word Search 04

K	R	M	I	P	P	B	N	A	A
E	E	I	A	A	K	T	Z	W	W
V	N	F	F	R	U	O	G	E	A
A	E	T	P	T	S	N	S	S	R
C	W	J	E	Y	I	T	Q	O	E
A	A	A	B	R	I	C	B	M	N
T	L	D	A	B	T	O	D	E	E
I	O	H	B	K	D	A	G	B	S
O	S	A	K	C	U	D	I	R	S
N	R	A	B	B	I	T	S	N	O

Word List

AWARENESS   AWESOME   DUCK   ENTERTAIN
PARTY   RABBITS   RABBITS   RENEWAL
SHARING   VACATION

Easter Word Search 05

Y	E	J	M	X	O	P	H	G	R
S	N	Q	W	N	C	G	W	X	A
L	N	O	O	K	N	H	O	H	B
M	O	H	I	I	O	N	U	X	B
K	L	V	P	S	I	L	N	N	I
Q	A	P	E	U	Y	R	H	G	T
O	O	F	Q	L	W	T	Q	U	D
H	K	E	K	N	Y	S	L	I	H
X	R	E	D	N	E	V	A	L	I
H	O	L	Y	G	H	O	S	T	J

Word List

EQUINOX   GUILT   HOLY GHOST   HOPPING
HUNT   LAVENDER   LOVELY   NOISY
RABBIT

Easter Word Search 06

D K A R R E S T E D

U X I F I C U R C B

S H M Y E N K S S R

Z U H G T A U G L U

B Q N I N L C T D N

A O S S R I J V N C

R I N B H G K U D H

V N A N B I K A H B

T S B V E V N H B K

S G G E G T V E N V

Word List

ARRESTED   BAKING   BONNET   BRUNCH
CRUCIFIX   EGGS   SUNSHINE   VIGILANCE
VISIT

Easter Word Search 07

P	I	S	H	S	I	V	A	L	D
A	N	Y	E	N	H	C	B	H	U
L	F	S	G	I	B	U	S	Y	I
M	L	J	O	A	R	R	E	I	P
S	U	J	V	L	A	O	C	Y	F
U	E	E	G	M	A	H	M	L	J
N	N	W	I	Z	E	C	O	E	P
D	C	S	F	E	M	W	E	V	M
A	E	W	T	G	E	T	K	Q	K
Y	S	P	S	R	R	I	D	E	X

Word List

FLOWER	GIFTS	INFLUENCE	JEWS
LAVISH	MARSH	MEMORIES	PALM SUNDAY
RIDE	SOLACE		

Easter Word Search 08

S	S	E	L	P	I	C	S	I	D
X	U	U	Y	C	V	M	O	G	B
T	D	R	X	L	S	O	N	R	L
A	V	K	P	I	I	I	H	G	E
M	B	D	T	R	T	M	R	S	S
Z	G	P	F	A	I	T	A	Z	S
F	A	N	E	C	A	S	V	F	I
B	Q	B	N	R	O	T	E	L	N
Y	R	E	V	O	C	S	I	D	G
G	N	I	Y	D	K	F	D	L	S

Word List

BAPTISM	BEATING	BLESSINGS	DISCIPLES
DISCOVERY	DYING	FAMILY	SURPRISE
TORN			

Easter Word Search 09

E	L	O	V	E	J	O	V	O	P
T	X	X	W	V	R	I	S	E	N
A	M	T	N	E	L	S	R	E	Y
M	O	U	T	S	I	D	E	D	L
I	I	Q	S	W	G	P	M	D	P
T	R	E	N	E	I	N	G	L	R
L	W	K	N	M	C	G	O	B	A
U	T	Z	W	R	T	A	Q	S	Y
N	A	E	B	Y	L	L	E	J	E
P	S	G	B	L	O	K	O	P	R

Word List

JELLYBEAN	LENT	LOVE	OUTSIDE
PEACE	PRAYER	RISEN	SONG
ULTIMATE			

Easter Word Search 10

E	C	H	R	I	S	T	C	D	Z
A	I	P	Y	Z	T	W	Y	L	B
S	M	O	U	R	N	E	D	M	G
T	A	S	P	A	D	I	A	E	P
E	R	A	I	E	P	L	K	A	N
R	C	O	G	T	F	O	T	J	Y
E	H	G	P	O	P	T	W	D	C
G	S	O	G	T	E	A	N	E	K
G	S	E	N	R	L	A	B	U	R
I	L	N	N	X	C	T	G	U	N

Word List

BAPTISM	CANDY	CHRIST	DYED EGGS
EASTER EGG	LEG OF LAMB	MARCH	MOURNED
PATTERN	POWER		

Z	N	D	C	K	A	M	S	M	V
C	A	G	N	B	S	E	E	D	S
J	C	Q	I	E	A	A	J	J	P
O	L	N	Q	K	K	S	M	M	I
C	F	Z	S	I	T	E	K	Z	R
H	Y	N	I	A	O	A	E	E	I
U	X	R	E	Q	C	U	H	W	T
R	T	R	I	U	M	P	H	A	U
C	T	A	I	C	T	G	T	Y	A
H	R	I	S	E	O	D	V	H	L

Word List

BASKET	CHURCH	RISE	SEEDS
SPIRITUAL	TREATS	TRIUMPH	WEEKEND

Easter Word Search 12

```
P   J   O   T   C   X   J   O   A   H

C   R   K   C   O   N   L   V   Q   L

O   N   O   H   N   P   A   W   L   U

N   S   D   T   V   K   V   H   O   F

Q   L   F   R   E   N   Z   Y   V   I

U   A   U   W   R   S   R   E   I   C

E   U   T   M   S   U   T   R   N   R

R   N   V   N   I   C   R   A   G   E

E   C   I   G   O   O   E   V   N   M

D   H   R   G   N   F   R   N   F   T
```

Word List

CONQUERED	CONVERSION	FOCUS	FRENZY
LAUNCH	LOVING	MERCIFUL	PROTESTANT

Easter Word Search 13

S	T	E	E	W	S	G	H	S	S
B	J	W	C	O	V	I	T	C	R
E	T	Z	E	A	L	O	U	S	E
L	E	J	B	O	P	Y	O	H	L
I	M	N	U	Q	O	L	Y	G	A
E	P	Z	N	T	R	T	Q	F	T
V	T	V	N	A	H	W	W	M	I
E	I	I	I	L	K	H	X	I	V
T	N	O	E	B	O	D	Y	C	E
C	G	B	S	N	C	W	Y	O	S

Word List

BELIEVE	BODY	BUNNIES	RELATIVES
SWEETS	TEMPTING	YOUTH	ZEALOUS

```
H   D   M   N   P   A   I   N   T   M
A   O   E   F   R   I   L   L   S   N
T   Y   A   H   O   U   D   Y   O   G
S   D   N   L   L   U   A   I   G   Z
S   H   I   P   S   L   S   O   Y   F
U   P   N   C   P   S   O   E   A   D
M   Z   G   S   A   D   X   W   L   A
V   S   I   P   B   X   Q   J   C   L
J   D   W   C   H   I   C   K   V   L
C   I   A   D   F   H   M   G   C   J
```

Word List

CHICK	DISPLAY	FRILLS	GOOD
HATS	MEANING	PAINT	PASSION

Easter Word Search 15

B	C	T	J	U	Y	T	C	E	E
U	P	D	P	N	E	R	I	K	L
N	R	X	N	E	G	M	Y	A	B
N	L	U	M	L	W	Y	I	C	A
Y	B	Q	O	W	R	I	N	T	R
H	H	B	I	B	L	E	O	O	E
O	T	U	L	I	P	S	B	R	N
P	S	C	R	I	P	T	U	R	E
D	A	F	I	B	P	R	C	A	V
N	B	P	W	I	T	I	Q	C	M

Word List

BIBLE
SCRIPTURE

BUNNY
TULIPS

BUNNY HOP
VENERABLE

CARROT CAKE
WEPT

Easter Word Search 16

T	P	Y	O	P	W	H	J	E	Q
L	R	O	H	O	K	U	O	M	G
S	I	A	R	S	E	J	Y	P	A
E	V	D	D	H	T	G	F	T	B
I	I	S	U	I	X	H	U	Y	S
L	L	Y	Z	N	T	X	L	E	C
I	E	M	T	I	B	I	A	O	M
L	G	B	D	N	X	S	O	Q	M
P	E	O	D	G	O	S	T	N	W
O	L	L	S	N	Y	Q	Z	B	T

Word List

EMPTY	JOYFUL	LILIES	PRIVILEGE
SEASON	SHINING	SYMBOL	TRADITION
WORD			

Easter Word Search 17

```
Y   W   R   P   H   L   I   L   W   C

C   O   L   L   E   C   T   I   O   N

C   R   G   C   A   I   X   M   R   T

R   S   K   D   V   W   M   E   S   F

U   H   M   W   E   U   R   J   H   I

C   I   M   O   N   U   T   U   I   N

I   P   K   I   T   Y   Z   S   P   D

F   H   O   P   D   V   E   X   E   O

Y   N   A   F   L   O   W   E   R   S

G   C   F   G   A   R   D   E   N   Q
```

Word List

CAPTURE   COLLECTION   COMMUNION   CRUCIFY
FIND   FLOWERS   GARDEN   HEAVEN
WORSHIP   WORSHIPER

Easter Word Search 18

M	E	A	N	I	N	G	F	U	L
I	M	P	K	D	T	U	B	S	H
N	I	M	L	P	F	S	X	B	Z
T	N	D	R	A	K	T	E	S	E
J	I	O	V	R	N	V	Y	U	M
E	S	Q	A	Z	B	T	H	J	Q
L	T	P	H	V	I	P	S	O	H
L	R	C	W	N	K	B	K	B	H
Y	Y	T	U	R	K	E	Y	X	D
N	O	T	I	C	E	A	B	L	E

Word List

MEANINGFUL	MINISTRY	MINT JELLY	NOTICEABLE
PARKS	PLANTS	QUEST	TURKEY
UNITY			

Easter Word Search 19

```
I   N   D   U   L   G   E   N   C   E
K   Z   A   D   U   Q   K   Z   A   E
E   G   Y   N   L   I   H   O   M   R
E   P   A   Z   N   O   X   A   A   U
W   I   L   I   E   A   G   J   Z   T
Y   M   A   N   E   F   S   G   E   A
L   Z   Y   Y   O   F   I   O   D   E
O   N   I   A   T   R   U   C   H   F
H   H   E   R   E   A   F   T   E   R
A   L   L   E   L   U   I   A   A   W
```

Word List

ALLELUIA	AMAZED	CURTAIN	FEATURE
GOLD	HEREAFTER	HOLY WEEK	HOSANNA
INDULGENCE			

Easter Word Search 20

G	I	C	W	T	J	K	W	S	D
I	P	R	L	R	H	H	A	V	S
T	R	I	U	I	I	C	D	E	O
T	F	T	C	N	R	C	L	F	U
E	I	Z	R	I	N	A	I	V	T
O	P	Q	F	O	T	I	X	J	R
A	Z	I	V	E	P	N	N	Q	E
F	C	Z	L	G	R	P	X	G	A
E	R	D	T	U	D	N	U	C	C
F	I	Q	I	L	B	Q	M	S	H

Word List

IDLE TALES   LIFE   OUTREACH   RUNNING

SACRIFICE   SUPPORT

SOLUTION

Maze 1

Maze 2

Maze 3

Maze 4

Maze 5

Maze 6

Maze 7

Maze 8

Maze 9

Maze 10

Maze 11

Maze 12

Maze 13

Maze 14

Maze 15

Maze 16

Maze 17

Maze 18

Maze 19

Maze 20

Easter Word Search 17

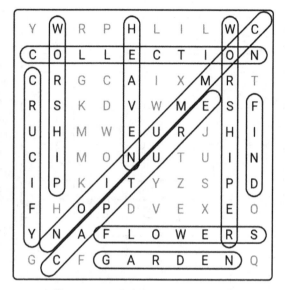

Easter Word Search 18

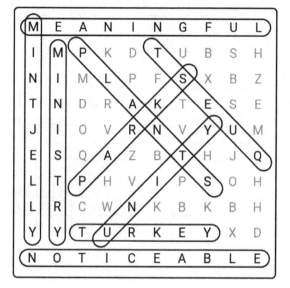

Easter Word Search 19

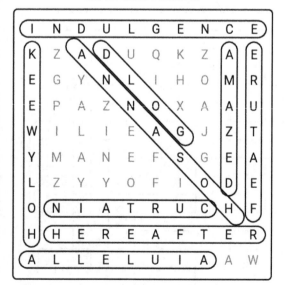

Easter Word Search 20

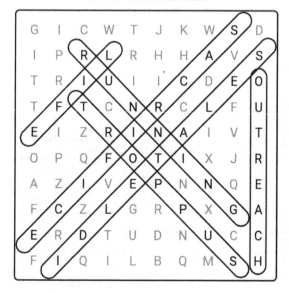

Easter Word Search 05

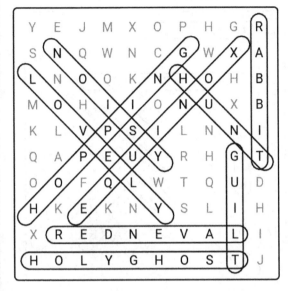

Easter Word Search 06

Easter Word Search 07

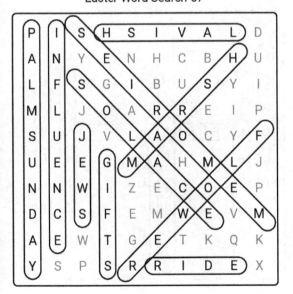

Easter Word Search 08

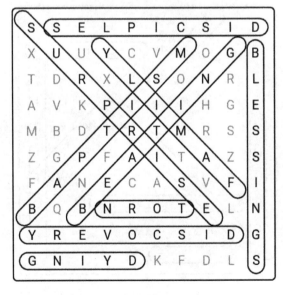

Easter Word Search 09

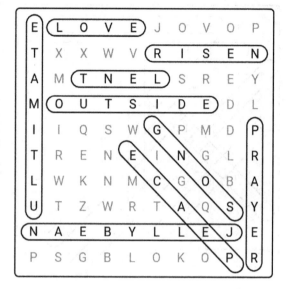

Easter Word Search 10

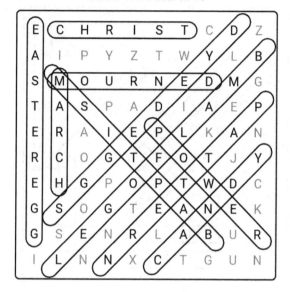

Easter Word Search 11

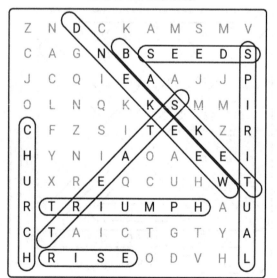

Easter Word Search 12

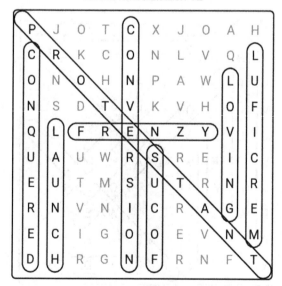

Easter Word Search 13

```
S T E E W S G H S S
B J W C O V I T C R
E T Z E A L O U S E
L E J B O P Y O H L
I M N U Q O L Y G A
E P Z N T R T Q F T
V T V N A H W W M I
E I I I L K H X I V
T N O E B O D Y C E
C G B S N C W Y O S
```

Easter Word Search 14

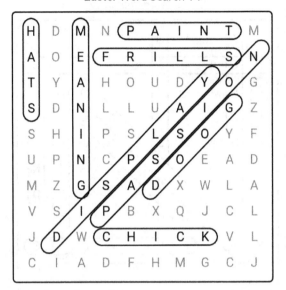

```
H D M N P A I N T M
A O E O F R I L L S N
T Y A H O U D Y Y O G
S D N L L U A I G Z
S H I P S L S O Y F
U P N C P S O E A D
M Z G S A D X W L A
V S I P B X Q J C L
J D W C H I C K V L
C I A D F H M G C J
```

Easter Word Search 15

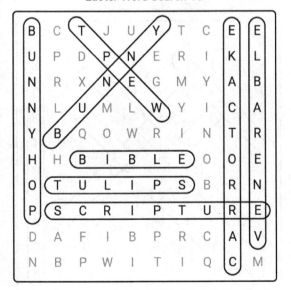

```
B C T J U Y T C E E
U P D P N E R I K L
N R X N E G M Y A B
N L U M L W Y I C A
Y B Q O W R I N T R
H O H B I B L E O E
O P T U L I P S B R
P S C R I P T U R E
D A F I B P R C A V
N B P W I T I Q C M
```

Easter Word Search 16

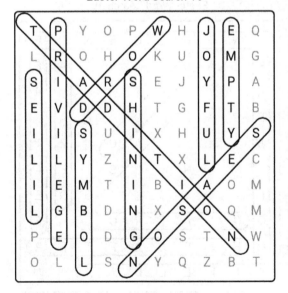

```
T P Y O P W H J E Q
L R O H O K U O M G
S I A R S E J Y P A
E V D D H T G F T B
I I S U I X H U Y S
L L Y Z N T X L E C
I E M T I B I A O M
L G B D N X S O Q M
P E O L G O S T N W
O L L S N Y Q Z B T
```

Easter Word Search 17

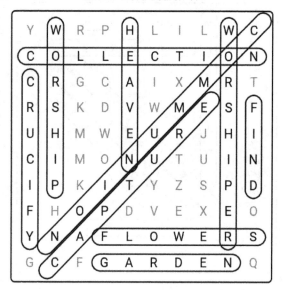

Easter Word Search 18

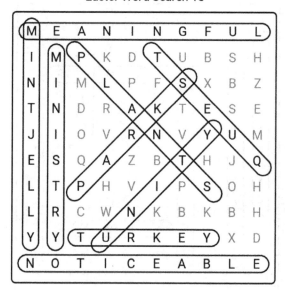

Easter Word Search 19

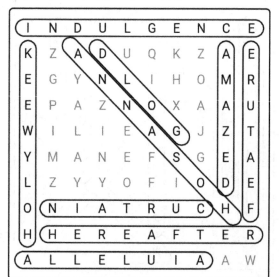

Easter Word Search 20

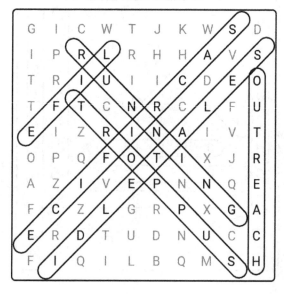

Thank You

We hope you enjoyed our book.

As a small family company, your feedback is very important to us.

Please let us know how you like our book at:

brooke.y.carter@gmail.com

CPSIA information can be obtained
at www.ICGtesting.com
Printed in the USA
BVHW050033050521
606417BV00003B/874